눈 깜박할 새 들려오는 발굽 소리 껑충껑충 뛰고 굴러요.
고개를 돌려 방 안을 보니 성 니콜라스가 굴뚝 밑으로 내려 왔어요!

머리부터 발끝까지 감싼 털 여기저기 묻어 있는 재와 그을음
등에 진 장난감 자루, 그 자루를 여는 모습 보따리장수 같아요.

빛나는 두 눈, 장미처럼 불그레한 두 볼, 체리 같은 코에 유쾌해 보이는 보조개
활처럼 살짝 올라간 입꼬리에 눈처럼 희고 고운 턱수염

입에 문 파이프에서 나오는 연기는 화환처럼 머리 위를 감돌고
인자한 얼굴에 작고 동그란 배는 웃을 때면 젤리처럼 출렁출렁

그가 바로 할아버지 꼬마 요정, 보기만 해도 저절로 미소가 번지고
고개 돌려 바라보는 할아버지 윙크 한 번에 무서웠던 마음이 스르르 사라져요.

한마디 말도 없이 재빠르게 양말 가득 선물을 채우고
무언가 헤아리듯 생각에 잠겼다가 고개를 끄덕이며 이내 굴뚝 속으로 사라지네요.

썰매에 올라타 휘리릭 휘파람 부니 솜털처럼 가볍게 날아오르는 순록들
멀리 사라지는 썰매에서 들려오는 목소리 "모두들, 메리 크리스마스!"

-클레멘트 클라크 무어

너도 보이니? ④

월터 윅 지음 | 황윤정 옮김

달리

너도 보이니? ❹
크리스마스 전날 밤
월터 윅 지음 | 황윤정 옮김

1판 1쇄 펴냄 2006년 11월 30일
1판 27쇄 펴냄 2025년 1월 6일

펴낸이 박소연 | **펴낸곳** (주)도서출판 달리 | **등록** 2002. 6. 4.(제10-2398호)
04008 서울시 마포구 희우정로 16길 17-5 | 전화 02) 333-3702 | 팩스 02) 333-3703
ISBN 978-89-5998-035-2 74000
          978-89-90364-57-9 (세트)

차례

너도 보이니?

펭귄 한 마리, 파이 한 조각,
빨간 하트 모양 사탕 하나,
꼬마 요정 세 명,
수레 안의 곰 한 마리,
숟가락을 든 남자아이 한 명,
바이올린을 켜는 개 한 마리,
토끼 한 마리, 사슴 네 마리,
한 줄로 서 있는 오리 세 마리,
눈사람 여덟 개, 배 한 알,
파란 옷을 입은 천사,
올빼미 한 마리, 달 하나,
그리고
산타클로스 다섯 명도!

너도 보이니?

원숭이 한 마리, 요정 다섯 명,
기차 하나, 짐수레 두 대,
오리 한 마리, 말 여섯 마리,
에이스 카드 한 장, 용 두 마리,
칠면조 한 마리, 수탉 한 마리,
호루라기 하나, 시계 두 개,
나무 블록에 새겨진
'HAPPY CHRISTMAS'
라는 알파벳 글자들,
눈송이 열한 개,
흰 양 일곱 마리,
목을 길게 뺀 기린 한 마리,
그리고
잠든 생쥐 한 마리!

A
P
Y
I
S
T
M
A
S
STEVEN
STORE
C1350

너도 보이니?

말이 끄는 썰매 하나,
화물 열차의 맨 뒤 칸,
뿔 달린 빨간 순록 한 마리,
흰 거위를 노리는 여우 한 마리,
달리는 사슴 한 마리,
벗겨져 버린 스키 한 짝,
밀방망이 한 개,
거북이 한 마리, 열쇠 한 개,
백조 한 마리, 낙타 세 마리,
토끼 두 마리,
손모아장갑 한 켤레,
달님 얼굴 하나,
비둘기와 함께 있는
여자아이 한 명!

너도 보이니?

시계 하나, 가위 두 자루,
자루를 짊어진
산타클로스 한 명,
은색 손전등 하나,
빨간 압정 한 개,
공룡 한 마리, 사슴 한 마리,
골무 하나, 에이스 카드 한 장,
‘N O E L’ 이라는 알파벳 글자,
코끼리 세 마리,
파란색 신발 끈 하나,
의자로 쓰려고 놓은 실패 두 개,
빨간 단추 한 개,
토끼 한 마리,
그림 속의 곰 두 마리,
침대에서 곤히 잠든 모든 이들!

너도 보이니?

과자로 만든 집 한 채.
접시 위에 놓인 숟가락 한 개,
유모차 한 대,
코르크 마개 한 개,
닭 한 마리, 물고기 다섯 마리,
과일 바구니 하나,
땅콩 한 개, 호주머니 하나,
아이스크림콘 한 개,
로봇 한 대, 로켓 한 대,
설탕 묻은 파란 젤리 천사,
찻주전자 한 개, 비행기 한 대,
설탕 묻은 자두 세 알,
그리고
사탕으로 만든 기차!

너도 보이니?

도요새 한 마리, 거위 세 마리,
낙타 한 마리, 자동차 두 대,
열쇠 한 개, 빨래집게 한 개,
요람 하나, 별 다섯 개,
하트 세 개,
당나귀 한 마리,
송아지 한 마리,
칫솔 하나, 책 두 권,
종 다섯 개, 기린 한 마리,
물방울무늬 스카프 한 장,
파란색 신발 끈 하나,
비행기 한 대,
그리고
엄청 추운 곳을 가리키는 지도!

너도 보이니?

종 한 개, 북 연주자 두 사람,
태엽 감는 장난감 개 하나,
발레리나 한 명,
시끄러운 소리를 내려는
개구리 한 마리,
톱 한 자루, 트럼펫 하나,
찻주전자 한 개, 썰매 한 대,
파란 신발 한 짝,
붉은색 헛간 한 채,
북극곰 두 마리,
아기 사슴 한 마리,
그리고
눈 내린 들판에 서 있는 눈사람!

너도 보이니?

보드라운 깃털 세 개,
새 여덟 마리,
아기 고양이 한 마리,
스케이트 타는 사람 한 명,
스키 한 켤레,
노란 손모아장갑 한 짝,
반지 한 개, 호랑이 한 마리,
크리스마스 리스 장식 하나,
술 장식 하나,
바늘귀 하나,
킹 카드 한 장, 성 한 채,
편자 하나,
투명한 단추 한 개,
작은 썰매 한 대,
그리고
조그만 순록 여덟 마리!

너도 보이니?

설상화 한 짝, 울타리 하나,
삽 한 자루, 도끼 한 자루,
손모아장갑 두 짝,
스케이트 한 짝,
야생 칠면조의 발자국,
날고 있는 새 한 마리,
어슬렁거리는 여우 한 마리,
토끼 귀 두 개,
천사 하나, 올빼미 한 마리,
남자아이 모양 쿠키 하나,
당근 한 개, 고양이 한 마리,
지붕 위에 나란히 선 발굽들,
그리고
산타클로스의 빨간 모자!

너도 보이니?

수탉 한 마리, 백조 한 마리,
토끼 한 마리, 곰 세 마리,
단추 하나, 야구 방망이 한 자루,
솔방울 하나, 배 두 알,
종 하나, 트럼펫 하나,
괘종시계 하나,
월계수 가지를 물고 있는
파란 새 한 마리,
나무 블록에 새겨신
하트 모양 하나,
촛불 세 개,
성냥 한 개비,
장화 한 켤레,
그리고
산타클로스의 그림자!

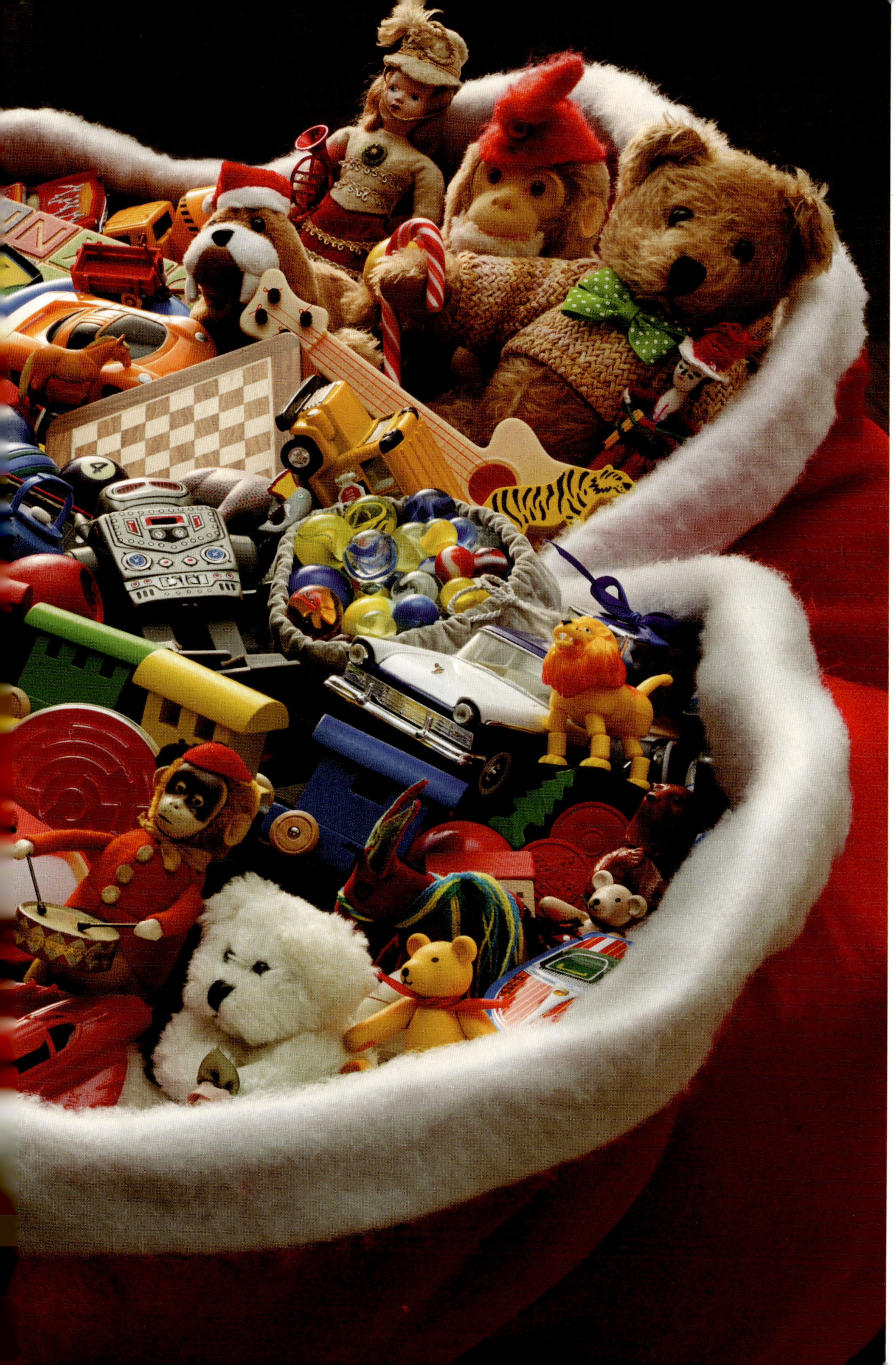

장난감 자루

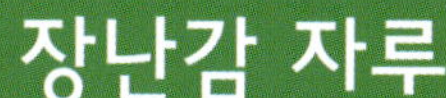

너도 보이니?

말 다섯 마리,
아기 사슴 한 마리,
도토리 한 톨, 나무 한 그루,
호랑이 한 마리, 사자 두 마리,
태엽을 꽂은 기차 하나,
멈춤 표지판 한 개, 호른 하나,
원숭이 세 마리,
까마귀 한 마리,
물방울무늬 스카프 한 장,
물방울무늬 리본 하나,
토끼 세 마리, 생쥐 한 마리,
짐수레 한 대, 우물 하나,
지팡이 모양 사탕 두 개,
그리고
방울 종 하나!

너도 보이니?

천사 하나, 깃털 하나,
나무 모양 쿠키 두 개,
올빼미 한 마리, 백조 한 마리,
스키 타는 사람 한 명,
기차 한 대, 눈사람 두 개,
토끼 세 마리, 생쥐 한 마리,
젤리 사탕 한 개, 숟가락 하나,
과자로 만든 집 한 채,
반짝이는 별이 날린
크리스마스트리 한 그루,
그리고
손 흔들며 인사하는
산타클로스!

크리스마스 전날 밤

펭귄 한 마리, 파이 한 조각,
빨간 하트 모양 사탕 하나,
꼬마 요정 세 명, 수레 안의 곰 한 마리,
숟가락을 든 남자아이 한 명,
바이올린을 켜는 개 한 마리, 토끼 한 마리,
사슴 네 마리, 한 줄로 서 있는 오리 세 마리,
눈사람 여덟 개, 배 한 알,
파란 옷을 입은 천사,
올빼미 한 마리, 달 하나,
그리고
산타클로스 다섯 명도!

고요함이 흐르고

원숭이 한 마리, 요정 다섯 명,
기차 하나, 짐수레 두 대, 오리 한 마리,
말 여섯 마리, 에이스 카드 한 장, 용 두 마리,
칠면조 한 마리, 수탉 한 마리,
호루라기 하나, 시계 두 개,
나무 블록에 새겨진
'HAPPY CHRISTMAS'라는 알파벳 글자들,
눈송이 열한 개, 흰 양 일곱 마리,
목을 길게 뺀 기린 한 마리,
그리고
잠든 생쥐 한 마리!

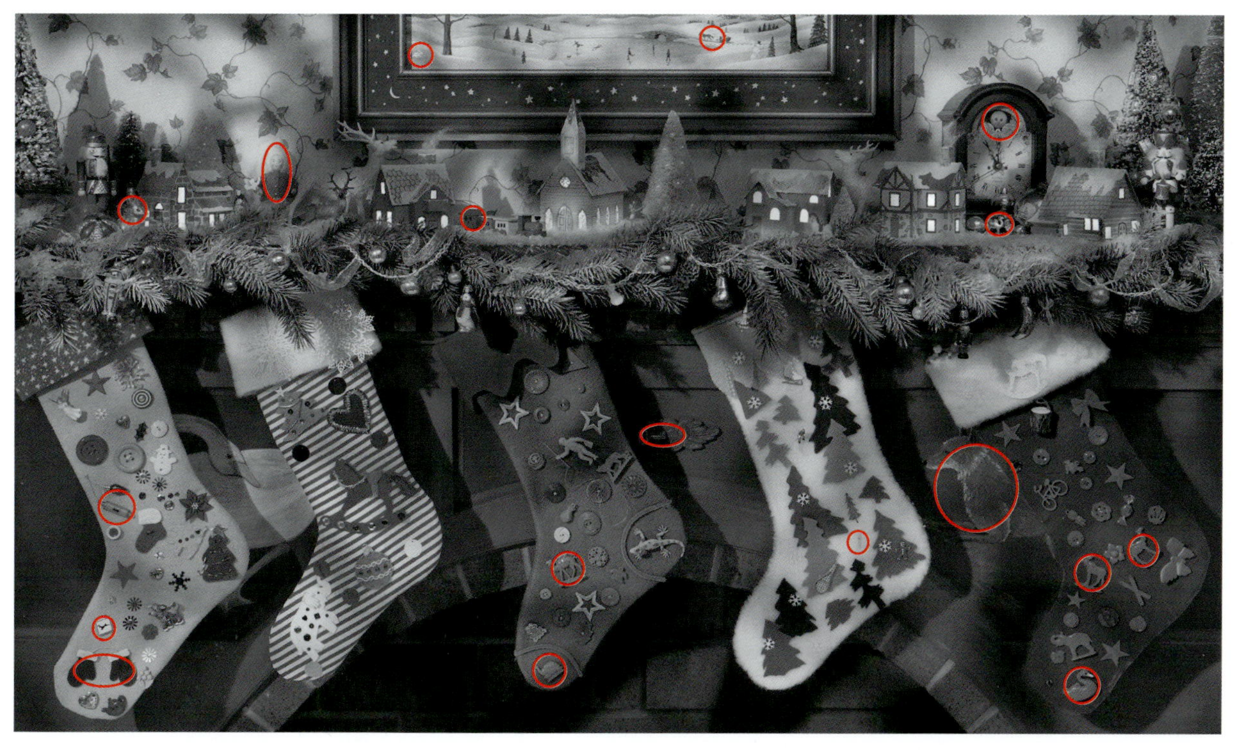

크리스마스 양말

말이 끄는 썰매 하나, 화물 열차의 맨 뒤 칸,
뿔 달린 빨간 순록 한 마리,
흰 거위를 노리는 여우 한 마리,
달리는 사슴 한 마리,
벗겨져 버린 스키 한 짝, 밀방망이 한 개,
거북이 한 마리, 열쇠 한 개, 백조 한 마리,
낙타 세 마리, 토끼 두 마리,
손모아장갑 한 켤레, 달님 얼굴 하나,
비둘기와 함께 있는 여자아이 한 명!

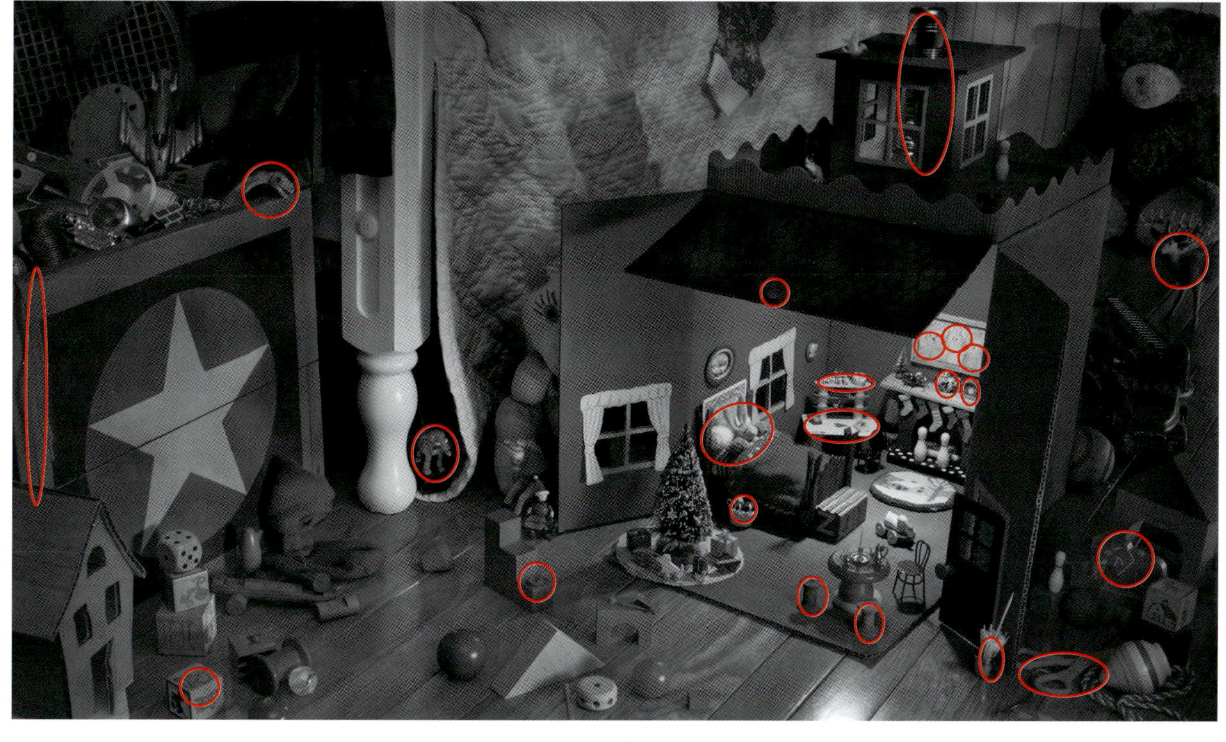

모두 곤히 자는데

시계 하나, 가위 두 자루,
자루를 짊어진 산타클로스 한 명,
은색 손전등 하나, 빨간 압정 한 개,
공룡 한 마리, 사슴 한 마리,
골무 하나, 에이스 카드 한 장,
'NOEL'이라는 알파벳 글자,
코끼리 세 마리, 파란색 신발 끈 하나,
의자로 쓰려고 놓은 실패 두 개,
빨간 단추 한 개, 토끼 한 마리,
그림 속의 곰 두 마리,
침대에서 곤히 잠든 모든 이들!

이렇게 많은 과자가

과자로 만든 집 한 채,
접시 위에 놓인 숟가락 한 개,
유모차 한 대, 코르크 마개 한 개,
닭 한 마리, 물고기 다섯 마리,
과일 바구니 하나, 땅콩 한 개,
호주머니 하나, 아이스크림콘 한 개,
로봇 한 대, 로켓 한 대,
설탕 묻은 파란 젤리 천사, 찻주전자 한 개,
비행기 한 대, 설탕 묻은 자두 세 알,
그리고
사탕으로 만든 기차!

깜빡 잠든 사이에

도요새 한 마리, 거위 세 마리, 낙타 한 마리,
자동차 두 대, 열쇠 한 개, 빨래집게 한 개,
요람 하나, 별 다섯 개, 하트 세 개,
당나귀 한 마리, 송아지 한 마리,
칫솔 하나, 책 두 권, 종 다섯 개,
기린 한 마리, 물방울무늬 스카프 한 장,
파란색 신발 끈 하나, 비행기 한 대,
그리고
엄청 추운 곳을 가리키는 지도!

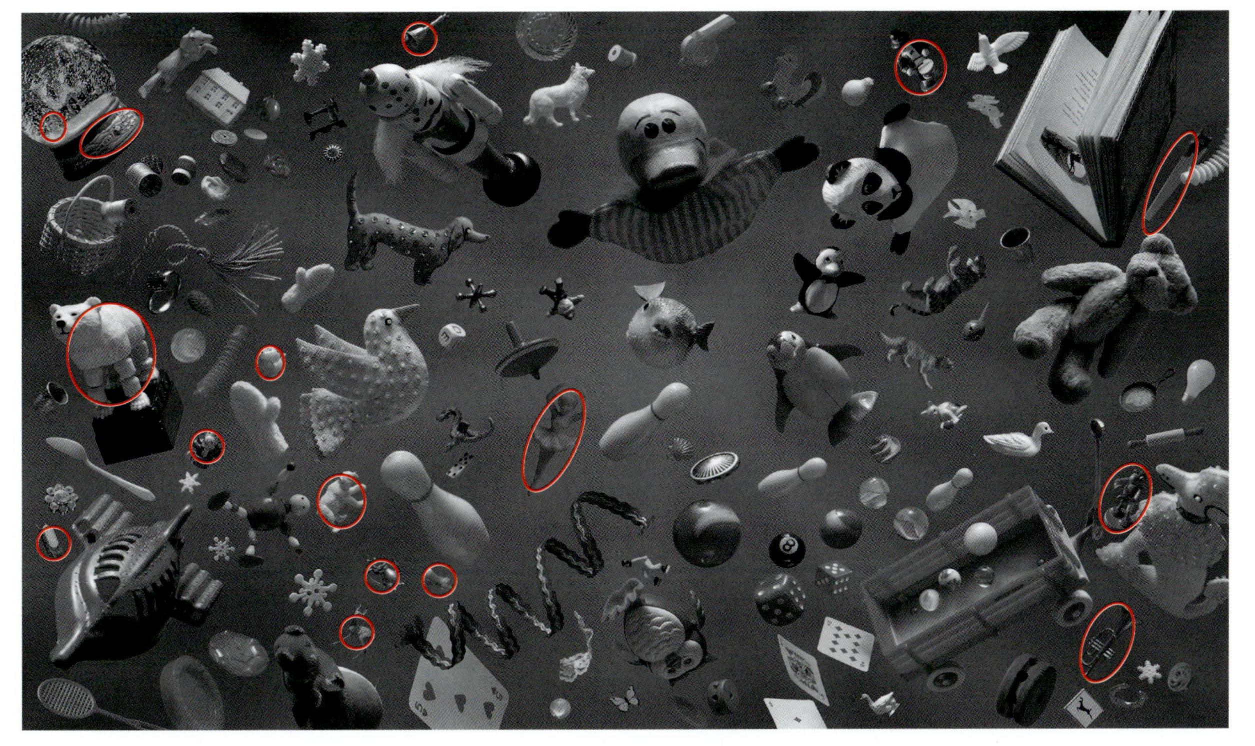

달그락달그락

종 한 개, 북 연주자 두 사람,
태엽 감는 장난감 개 하나,
발레리나 한 명,
시끄러운 소리를 내려는 개구리 한 마리,
톱 한 자루, 트럼펫 하나, 찻주전자 한 개,
썰매 한 대, 파란 신발 한 짝,
붉은색 헛간 한 채, 북극곰 두 마리,
아기 사슴 한 마리,
그리고
눈 내린 들판에 서 있는 눈사람!

눈이 왔어요

보드라운 깃털 세 개,
새 여덟 마리, 아기 고양이 한 마리,
스케이트 타는 사람 한 명, 스키 한 켤레,
노란 손모아장갑 한 짝, 반지 한 개,
호랑이 한 마리, 크리스마스 리스 장식 하나,
술 장식 하나, 바늘귀 하나, 킹 카드 한 장,
성 한 채, 편자 하나, 투명한 단추 한 개,
작은 썰매 한 대,
그리고
조그만 순록 여덟 마리!

굴뚝 속으로

설상화 한 짝, 울타리 하나, 삽 한 자루,
도끼 한 자루, 손모아장갑 두 짝,
스케이트 한 짝, 야생 칠면조의 발자국,
날고 있는 새 한 마리,
어슬렁거리는 여우 한 마리,
토끼 귀 두 개, 천사 하나, 올빼미 한 마리,
남자아이 모양 쿠키 하나, 당근 한 개,
고양이 한 마리, 지붕 위에 나란히 선 발굽들,
그리고
산타클로스의 빨간 모자!

산타클로스가 틀림없어

수탉 한 마리, 백조 한 마리, 토끼 한 마리,
곰 세 마리, 단추 하나, 야구 방망이 한 자루,
솔방울 하나, 배 두 알, 종 하나,
트럼펫 하나, 괘종시계 하나,
월계수 가지를 물고 있는 파란 새 한 마리,
나무 블록에 새겨진 하트 모양 하나,
촛불 세 개, 성냥 한 개비, 장화 한 켤레,
그리고
산타클로스의 그림자!

장난감 자루

말 다섯 마리, 아기 사슴 한 마리,
도토리 한 톨, 나무 한 그루,
호랑이 한 마리, 사자 두 마리,
태엽을 꽂은 기차 하나, 멈춤 표지판 한 개,
호른 하나, 원숭이 세 마리, 까마귀 한 마리,
물방울무늬 스카프 한 장,
물방울무늬 리본 하나, 토끼 세 마리,
생쥐 한 마리, 짐수레 한 대, 우물 하나,
지팡이 모양 사탕 두 개,
그리고
방울 종 하나!

메리 크리스마스!

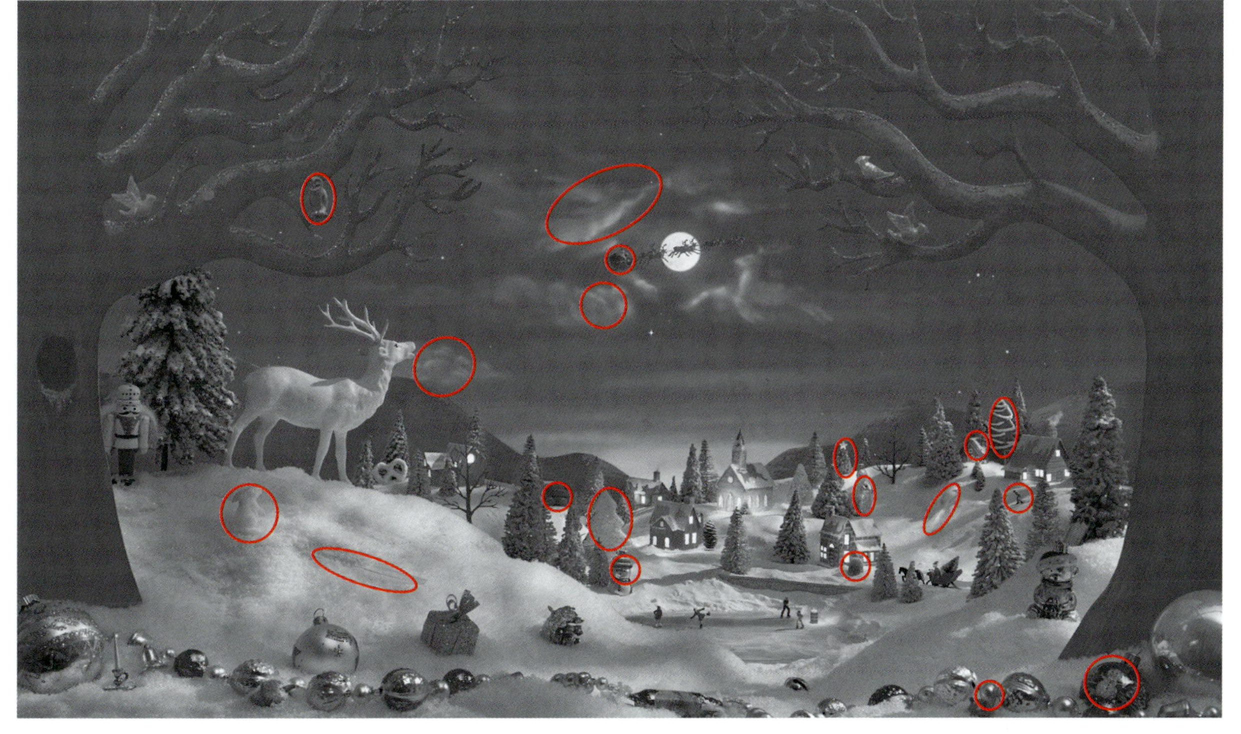

천사 하나, 깃털 하나, 나무 모양 쿠키 두 개,
올빼미 한 마리, 백조 한 마리,
스키 타는 사람 한 명, 기차 한 대,
눈사람 두 개, 토끼 세 마리, 생쥐 한 마리,
젤리 사탕 한 개, 숟가락 하나,
과자로 만든 집 한 채,
반짝이는 별이 달린 크리스마스트리 한 그루,
그리고
손 흔들며 인사하는 산타클로스!

사진 작품으로 그림책을 만드는 작가들에게 아동 문학의 세계는 특별한 도전입니다. 그림으로 삽화를 그리는 작가들은 얼마든지 상상의 날개를 펼칠 수 있습니다. 그러나 사진은 사실에 기반을 두고 있습니다. 1823년에 클레멘트 클라크 무어가 쓴 〈성 니콜라스가 왔어요!〉라는 시에 나오는 놀라운 사건을 그대로 표현하고 재현하는 일은 아무리 유능한 사진작가라 할지라도 매우 힘든 일일 것입니다. 왜냐하면 그 썰매를 끄는 작은 순록들이 아마 성 니콜라스의 말이 아니라면 어느 누구의 말도 들으려 하지 않을 테니까요. 게다가 '배 나온 귀여운 꼬마 요정'을 섭외하는 일은 불가능하니까요. 그가 너무 바쁘기 때문이라고 해 두지요.

이렇게 많은 제약에도 불구하고, 나는 크리스마스 장식 사진들을 보며 숨은 그림을 찾는 게임으로 이 고전을 골랐습니다. 지금은 《크리스마스 전날 밤》이라는 제목으로 더 잘 알려져 있는 시지요. 크리스마스 쿠키들과 집에서 직접 민든 막대 시탕, 산더미 같은 장난감 등 모든 소품은 실물을 이용했습니다. 물론 썰매 끄는 순록은 빼고요.

이 책에 나오는 '성 니콜라스 할아버지'는 삽화가 들어가 있는 그림책에서보다는 눈에 쏙 들어오지 않을 것입니다. 이 책을 읽는 어린아이들의 상상력을 더 많이 자극하겠지요. 그것이 바로 내가 바라는 것입니다. 아이들은 자기 나름대로 사진을 이해하고 머릿속에서 자기 만의 성 니콜라스를 그려가게 될 것입니다.

감사의 말

나를 도와 작업실에서 세트를 만들고 사진을 찍어 준 우리 팀 스태프와 프리랜서 작가들에게 감사의 말을 전합니다. 이 책을 펴내면서 나는 우리 팀 모두에게 큰 신세를 졌습니다. 작업실 총책임자 댄 헬트와 소품 담당자 킴 와일디, 소품과 배경을 꾸며 준 화가 마이클 로켄스가드와 랜디 질맨, 그리고 마이크 던에게 감사합니다. 꼬박 3일을 주방에서 보낸 푸드 스타일리스트 릭 엘리스와 내 생애 최고의 포토샵 강의를 해 준 릭 슈바프, 꽃 소품을 담당한 샌디, 무엇보다 우리 팀을 아우르고 뛰어난 예술적 감각으로 모든 작업에 도움을 아끼지 은 내 아내 린다에게도 깊은 감사의 뜻을 전합니다.

월터 윅

월터 윅은 전 세계적으로 3천만 부 가까이 판매된 〈나는 찾아요〉 시리즈의 작가입니다. 그가 직접 글을 쓰고 사진을 찍은 《물 한 방울》은 '보스턴 글로브 혼 북' 상을 받았으며, 미국 도서관 협회의 '주목할 만한 책', '오르비스 픽톡스 명예 도서', 캐나다 방송 협회의 '우수 어린이 과학도서'로 선정되었습니다. 또 다른 책 《눈속임》 역시 미국 도서관 협회의 '주목할 만한 어린이 책', 〈뉴욕타임스〉 북리뷰의 '우수 어린이 그림책'으로 선정되었으며, 〈오펜하임 장난감 작품 선집〉의 '플래티늄 상', 〈사이언티픽 아메리칸〉의 '어린이 독자상', 미국 학부모들이 고른 '좋은 책' 상 등 여러 상을 받았습니다. 파이어 미술대학을 졸업한 월터 윅은 현재 미국 코네티컷주에서 부인 린다와 함께 살고 있습니다.

* 월터 윅에 관련된 더 많은 정보는 www.walterwick.com에서 보실 수 있습니다.

황윤정은 서울에서 태어나 서강대학교 불문학과를 졸업하고 캐나다 칼턴 대학교에서 공부했습니다. 노래 부르기와 청소하기를 좋아하며 지금은 좋은 어린이책을 우리말로 소개하는 일을 하고 있습니다.

성 니콜라스가 왔어요!

크리스마스 전날 밤, 온 집안은 고요한데 벽난로 옆 가지런히 걸려 있는 양말들
성 니콜라스를 기다리며 아이들이 걸어 놓았죠.

포근한 침대 속 아이들 달콤한 사탕과자 떠올리며
긴긴 겨울밤 한 자락에 엄마도 나도 깜빡 잠이 들어요.

달그락달그락 창밖에서 들리는 소리 무슨 일일까
이불을 차 내고 번개같이 달려가 창문을 열었어요.

온 세상 하얗게 내린 눈 달님은 대낮처럼 세상을 비추고
깜짝 놀란 내 눈 앞에 나타난 것은 장난감 같은 썰매와 여덟 마리 조그만 순록들

작고 날쌘 할아버지 성 니콜라스가 틀림없어.
매보다도 빠른 순록들을 지휘하며 하나씩 하나씩 이름을 외쳐요.

"대셔! 댄서! 프랜서! 빅슨! 코메트! 큐피드! 도너! 블릿젠!
어서 달려가자! 현관 끝까지, 지붕 꼭대기까지!"

폭풍이 몰아쳐 마른 잎이 휩쓸리듯 순록들 하늘로 날아올랐죠.
성 니콜라스를 태우고 자루 가득 장난감을 싣고서